CRÉDITOS

Título:
® ESTUDIO BÍBLICO CONECTADOS
Cuaderno de Estudio.

Autor:
Vicente J. Orellana

Contacto:
prorella@gmail.com

Autopublicación:
Vicente J. Orellana

Número ISBN:
ISBN 979-8-9999724-1-5

Diseño Gráfico y Diagramación:
Edisson Villegas Báez

Diseño de Portada:
Karen Saravia - Orellana

Ilustracioones:
Generadas por IA, Google, Freepik.

País de Origen:
Estados Unidos 2026

Publicación:
Amazon

Edición:
Primera Edición, Enero de 2026

Introducción

Vivimos en una generación hiperconectada, pero paradójicamente cada vez más sola. Tenemos redes sociales, videollamadas, comunidades virtuales y mensajes instantáneos… pero seguimos anhelando relaciones reales, apoyo sincero y una fe que se viva en comunidad.

La Biblia nos enseña que Dios nunca pensó en una fe solitaria. Desde el principio, el evangelio se ha transmitido de casa en casa, de corazón a corazón, de vida a vida. Jesús mismo no formó una multitud, formó un grupo pequeño. Caminó con doce, discipuló a pocos y transformó al mundo a través de relaciones cercanas.

Hoy, en la era digital, Dios nos está dando nuevas herramientas para volver al modelo original: comunidades pequeñas, conectadas, vivas y llenas del Espíritu Santo.

Esta serie nace con un propósito claro: restaurar la fuerza del compañerismo cristiano, fortalecer la fe en comunidad y usar la tecnología como un puente, no como una barrera, para llevar esperanza, sanidad y salvación.

Porque cuando la iglesia se reúne en casas, en pantallas, en grupos pequeños y en corazones dispuestos… el poder de Dios se manifiesta con fuerza.

Palabras del Pastor Vicente J. Orellana

A los estudiantes de los Grupos Pequeños en la Era Digital

Queridos estudiantes y compañeros de camino en la fe:

Vivimos tiempos extraordinarios. Dios nos ha permitido nacer en una generación donde la tecnología conecta continentes, pero es el amor de Cristo el que conecta corazones. Ustedes no están aquí por casualidad. Han sido llamados para ser parte de una generación que no solo consume contenido, sino que vive la verdad, la comparte y la multiplica.

- Un grupo pequeño no es solo una reunión.
- Es un altar.
- Es una familia.
- Es una escuela de discípulos.
- Es un hospital para el alma.

En cada encuentro, ya sea en una casa, por Zoom, por WhatsApp o por una llamada, Dios está formando líderes, restaurando vidas y levantando una iglesia viva y misionera.

Nunca subestimen el poder de una reunión sencilla con corazones dispuestos. Así comenzó la iglesia primitiva y así Dios sigue obrando hoy.

Ustedes son la generación que llevará el evangelio a lugares donde nunca antes había llegado. No con grandes templos, sino con corazones llenos del Espíritu Santo y manos extendidas a través de la pantalla y del abrazo fraterno.

"Y todos los días, en el templo y por las casas, no cesaban de enseñar y predicar a Jesucristo."

— Hechos 5:42

"Cuando una iglesia aprende a reunirse en grupos pequeños, Dios puede hacer cosas grandes a través de personas sencillas."

- *Vicente J. Orellana*

ÍNDICE

La Palabra de Dios: Viva, Eficaz e Incorruptible

1. **¿Quién es llamado "el Verbo" en** Juan 1:1?

   Respuesta:_____

   _____

2. **¿Qué hace la Palabra de Dios según** Hebreos 4:12?

   Respuesta:_____

   _____

3. **¿Qué dijo Jesús que no pasará jamás en** Mateo 24:35?

   Respuesta:_____

   _____

4. **¿Por medio de qué somos renacidos según** 1 Pedro 1:23?

   Respuesta:_____

   _____

6. **¿De dónde viene la fe según** Romanos 10:17?

   Respuesta:_____

   _____

7. **¿Qué debe hacer el creyente con la Palabra según** Santiago 1:22?

   Respuesta:_____

   _____

¿Cómo respondo a esta verdad?

1. Dejaré que la palabra me ilumine. Salmos 119:105 ☐
2. La Biblia es palabra viva y eficaz. Hebreos 4:12 ☐
3. Acepto que la palabra es eterna. Mateo 24:35 ☐

Seguiré tu voz, Señor

"Hoy acepto que la Palabra de Dios es viva, eterna y poderosa; y decido recibirla como mi luz, mi guía y la verdad que transformará mi vida."

Nombre:_____

Fecha:_____

Instructor:_____

La Deidad

1. ¿Cómo se presenta Dios en la visión de Isaías? *Isaías 6:1-3*
Respuesta:_____
_____

2. ¿Qué efecto produce la presencia de Dios en el ser humano?
Isaías 6:5
Respuesta:_____
_____

3. ¿Cómo actúa Dios ante el pecado confesado? *Isaías 6:6-7*
Respuesta:_____
_____

4. ¿Quiénes forman la Deidad según la Biblia? *Mateo 28:19*
Respuesta:_____
_____

5. ¿Cómo se revela Dios a través de la creación? *Salmo 19:1;*
Romanos 1:20
Respuesta:_____
_____

6. ¿Qué nombres de Dios revelan su carácter? *Éxodo 6:3;*
Génesis 1:1; Salmo 91:1
Respuesta:_____
_____

7. ¿Cómo responde un creyente ante el llamado de la Deidad?
Respuesta:_____
_____

¿Cómo respondo a esta verdad?

1. Creo que Dios es santo y su gloria llena mi vida. Isaías 6:3 ☐
2. Creo en la obra unida del Padre, del Hijo y del Espíritu
Santo. Mateo 28:19 ☐
3. Señor, hoy respondo a tu llamado con un corazón dispuesto. ☐
Isaías 6:8

Seguiré tu voz, Señor

Señor, reconozco tu gloria, acepto tu llamado y me rindo a tu voluntad. Heme aquí, envíame a mi.

Nombre:_____

Fecha:_____

Instructor:_____

Dios El Padre

1. ¿Quién nos reveló al Padre? *Juan 1:18*

Respuesta:_____

_____

2. ¿Cómo trata Dios a quienes lo temen? *Salmo 103:13*

Respuesta:_____

_____

3. ¿Qué pidió Moisés al Padre y qué respondió Dios? *Éxodo 33:20*

Respuesta:_____

_____

4. ¿Qué hace Dios con nuestras rebeliones si nos arrepentimos?
Salmo 103:12

Respuesta:_____

_____

5. ¿Cómo muestra Dios su amor al mundo? *1 Juan 4:9*

Respuesta:_____

_____

6. ¿Quiénes son considerados hijos de Dios? *Romanos 8:14*

Respuesta:_____

_____

7. ¿De quién proceden todas las cosas? *1 corintios 8:6*

Respuesta:_____

_____

¿Cómo respondo a esta verdad?

1. Creo que el Padre me ama con ternura y compasión. Salmo 103:13 ☐
2. Creo que el Padre me recibió como Su hijo y me guía por Su Espíritu. Romanos 8:14 ☐
3. Hoy decido confiar plenamente en el amor del Padre y vivir para Él. 1 Corintios 8:6 ☐

Mi entrega

Hoy decido confiar en Ti, Padre, y caminar bajo tu voluntad.

Nombre:_____

Fecha:_____

Instructor:_____

Dios El Hijo

1. **¿Quién fue levantado como la serpiente de bronce para darnos vida?** Juan 3:14

   Respuesta:_____

   _____

2. **¿Qué motivó a Dios a enviar a su Hijo al mundo?** Juan 3:16

   Respuesta:_____

   _____

3. **¿Qué hizo Jesús con nuestro pecado?** 2 Corintios 5:21

   Respuesta:_____

   _____

4. **¿Cuál es la identidad divina de Jesús según el Evangelio de Juan?** Juan 1:1

   Respuesta:_____

   _____

5. **¿Cómo fue profetizado el nacimiento del Mesías?** Miqueas 5:2

   Respuesta:_____

   _____

6. **¿Qué hizo Jesús después de morir en la cruz?** Hebreos 4:14-16

   Respuesta:_____

   _____

7. **¿Qué resultado tiene mirar a Jesús con fe?** Números 21:8

   Respuesta:_____

   _____

¿Cómo respondo a esta verdad?

1. Creo que Cristo es mi fuente de vida y salvación. Juan 3:14 ☐
2. Creo que Soy amado profundamente por Dios. Juan3:16 ☐
3. Hoy decido entregar mi vida a Jesús y vivir para Él. Gálatas 2:20 ☐

Mi entrega

Rindo mi vida a Jesús hoy.

Nombre:_____

Fecha:_____

Instructor:_____

Dios El Espíritu Santo

1. **¿Quién es el Espíritu Santo?** Juan 14:26

   Respuesta:_____

   _____

2. **¿Cuál fue la promesa de Jesús respecto al Espíritu Santo?** Juan 14:16

   Respuesta:_____

   _____

3. **¿Cómo se manifestó el Espíritu Santo en Pentecostés?** Hechos 2:4

   Respuesta:_____

   _____

4. **¿Cuál es la obra del Espíritu Santo en el corazón humano?** Juan 16:8

   Respuesta:_____

   _____

5. **¿Qué dones da el Espíritu Santo a la Iglesia?** 1 Corintios 12:7

   Respuesta:_____

   _____

6. **¿Qué sucede si rechazamos al Espíritu Santo?** Mateo 12:31

   Respuesta:_____

   _____

7. **¿Cómo recibir el Espíritu Santo en nuestra vida?** Lucas 11:13

   Respuesta:_____

   _____

¿Cómo respondo a esta verdad?

1. Creo en Tu obra, Espíritu Santo. Filipenses 1:6
2. Tu Espíritu me guía; en Ti confío. Ezequiel 36:27
3. Decido abrir mi vida al Espíritu Santo   Gálatas 5:25

Mi entrega

Hoy decido caminar guiado por Tu Espíritu, Señor.

Nombre:_____

Fecha:_____

Instructor:_____

La Creación

1. **¿Cómo describe la Biblia el proceso de la creación?** Génesis 1:1

   Respuesta:_____

   _____

2. **¿Qué propósito tuvo Dios al crear al ser humano?** Génesis 1:26

   Respuesta:_____

   _____

3. **¿Qué enseña el sábado acerca del Creador?** Éxodo 20:8-11

   Respuesta:_____

   _____

4. **¿Qué revela la naturaleza acerca de Dios?** Salmo 19:1

   Respuesta:_____

   _____

5. **¿Quiénes participaron en la obra de la creación?** Juan 1:1-3

   Respuesta:_____

   _____

6. **¿Por qué es importante creer en la creación bíblica?** Hebreos 11:3

   Respuesta:_____

   _____

7. **¿Qué relación hay entre la creación y la redención?** Colosenses 1:16-17

   Respuesta:_____

   _____

¿Cómo respondo a esta verdad?

1. Creo que Dios es mi Creador. Salmos 100:3 ☐
2. Afirmo que Jesús es mi Creador y Sustentador Juan 1:3 ☐
3. Acepto a mi Creador como mi Redentor Colosenses 1:16-17 ☐

Seguiré tu voz, Señor

"Decido aceptar a Jesús como mi Creador y Redentor, y vivir cada día en gratitud, obediencia y confianza en Él."

Nombre:_____

Fecha:_____

Instructor:_____

CONECTADOS

La Naturaleza Humana:
Creación, Caída y Restauración

1. **¿Cómo fue creado el ser humano y qué propósito tenía?**
   Génesis 1:26–28
   Respuesta:_____
   _____

2. **¿De qué material formó Dios al hombre y cómo le dio vida?** *Génesis 2:7*
   Respuesta:_____
   _____

3. **¿Qué condición puso Dios para conservar la vida y la comunión con Él?** *Génesis 2:16–17*
   Respuesta:_____
   _____

4. **¿Qué sucedió cuando el ser humano desobedeció a Dios?** *Romanos 5:12*
   Respuesta:_____
   _____

5. **¿Cuál es la esperanza para la humanidad caída?** *1 Corintios 15:22*
   Respuesta:_____
   _____

6. **¿Qué obra desea hacer Dios en el ser humano por medio del nuevo pacto?** *Hebreos 8:10*
   Respuesta:_____
   _____

7. **¿Cómo podemos imitar a Dios y reflejar su imagen hoy?**
   Efesios 4:22–24
   Respuesta:_____
   _____

¿Cómo respondo a esta verdad?

1. Creo que Dios me creó a Su imagen, con propósito, dignidad y valor. Génesis 1:27 ☐
2. Creo que Dios está obrando en mi corazón para transformarme. Hebreos 8:10 ☐
3. Elijo responder al llamado de Dios. Efesios 4:24 ☐

Seguiré tu voz, Señor

"Hoy decido vestirme del nuevo hombre y reflejar la imagen de Cristo en mi vida."

Nombre:_____

Fecha:_____

Instructor:_____

El Gran Conflicto

1. **¿Dónde y cómo comenzó el conflicto entre el bien y el mal?**
   Apocalipsis 12:7-9
   Respuesta:_____
   _____

2. **¿Qué motivó la rebelión de Lucifer?** *Isaías 14:12-14*
   Respuesta:_____
   _____

3. **¿Cómo se extendió ese conflicto a la humanidad?** *Génesis 3:4-5*
   Respuesta:_____
   _____

4. **¿Cuál es la esencia del pecado según la Biblia?** *1 Juan 3:4*
   Respuesta:_____
   _____

5. **¿Cómo venció Jesús en medio del conflicto?** *Mateo 4:10*
   Respuesta:_____
   _____

6. **¿Qué papel juega la adoración en este conflicto?** *Apocalipsis 14:7*
   Respuesta:_____
   _____

7. **¿Cómo podemos ser vencedores en este conflicto?** *Apocalipsis 12:11*
   Respuesta:_____
   _____

¿Cómo respondo a esta verdad?

1. Creo la verdad sobre el origen y la naturaleza del conflicto. Apocalipsis 12:9 ☐
2. Creo que Jesús venció al enemigo y nos llama a honrar a Dios como Creador. Apocalipsis 14:7 ☐
3. Elijo ser vencedor en Cristo. Apocalipsis 12:11 ☐

Seguiré tu voz, Señor

Hoy decido vencer por la sangre de Cristo y permanecer fiel en medio del conflicto

Nombre:_____

Fecha:_____

Instructor:_____

Vida, Muerte y Resurrección de Jesús

1. **¿Qué propósito tuvo la vida de Jesús en esta tierra?**
   Juan 1:14 Hebreos 4:15
   Respuesta:_____

2. **¿Por qué fue necesaria la muerte de Cristo?** *Isaías 53:5-6*
   Romanos 5:8
   Respuesta:_____

3. **¿Qué significa la muerte de Jesús para el pecador arrepentido?**
   2 Corintios 5:21
   Respuesta:_____

4. **¿Qué demuestra la resurrección de Jesús?** *Mateo 28:5-6*
   Romanos 6:4
   Respuesta:_____

5. **¿Qué ofrece Jesús a quienes creen en su vida, muerte y resurrección?** *Juan 3:16 Efesios 2:8-9*
   Respuesta:_____

6. **¿Qué papel juega el bautismo en esta experiencia?** *Romanos 6:3-4*
   Respuesta:_____

7. **¿Qué esperanza futura tienen los que aceptan a Jesús?** *1 Corintios 15:20-22 Apocalipsis 20:6*
   Respuesta:_____

¿Cómo respondo a esta verdad?

1. Hoy decido creer en Jesús como mi resurrección y mi vida. Juan 11:25 ☐
2. Creo que la resurrección de Jesús es real y poderosa. Romanos 10:9 ☐
3. Hoy acepto a Jesús, y creo Su palabra: 'El que cree en mí tiene vida ☐ eterna. Juan 6:47

Seguiré tu voz, Señor

Hoy acepto a Jesús, quien vivió por mí, murió por mí y resucitó para darme vida eterna.

Nombre:_____

Fecha:_____

Instructor:_____

CONECTADOS

La Experiencia de la Salvación

1. **¿Quién inicia la obra de la salvación en nosotros?** *Juan 16:8*
   Respuesta:_____
   _____

2. **¿Qué hace Dios por nosotros cuando creemos en Cristo?** *2 Corintios 5:21*
   Respuesta:_____
   _____

3. **¿Cómo describe Pablo la experiencia personal de recibir esa justicia?** *Filipenses 3:9*
   Respuesta:_____
   _____

4. **¿Qué significa ser adoptado como hijo de Dios?** *Romanos 8:15*
   Respuesta:_____
   _____

5. **¿Cuál es el resultado de confesar nuestros pecados a Dios?** *Proverbios 28:13*
   Respuesta:_____
   _____

6. **¿Qué produce el Espíritu Santo en el creyente diariamente?** *1 Tesalonicenses 5:23*
   Respuesta:_____
   _____

7. **¿Qué certeza podemos tener los que hemos recibido a Cristo?** *1 Juan 5:12*
   Respuesta:_____
   _____

¿Cómo respondo a esta verdad?

1. La justicia de Cristo es suficiente para mí; vivo por Su gracia. 2 Corintios 5:21 ☐
2. Soy hijo de Dios: libre, perdonado y renovado por Su Espíritu. Romanos 8:15 ☐
3. Hoy acepto el amor de Dios y recibo por fe la vida que Él me ofrece. Juan 1:12 ☐

Seguiré tu voz, Señor

"Hoy decido caminar en la gracia de Cristo y vivir cada día guiado por Su Espíritu."

Nombre:_____

Fecha:_____

Instructor:_____

Crecer en Cristo

1. **¿Qué significa comenzar una nueva vida en Cristo?**
   2 Corintios 5:17
   Respuesta:_____
   _____

2. **¿Qué debe suceder con nuestra vida pasada?** Gálatas 2:20
   Respuesta:_____
   _____

3. **¿Quién hace posible el crecimiento espiritual?** Juan 16:13
   Respuesta:_____
   _____

4. **¿Qué produce el Espíritu Santo en la vida del creyente?** Gálatas 5:22-23
   Respuesta:_____
   _____

5. **¿Cómo puedo saber si estoy creciendo espiritualmente?** Mateo 7:20
   Respuesta:_____
   _____

6. **¿Qué papel tiene la Palabra de Dios en nuestro crecimiento?**
   2 Timoteo 3:16-17
   Respuesta:_____
   _____

7. **¿Qué hábito es esencial para mantenernos creciendo en Cristo?**
   Efesios 6:18
   Respuesta:_____
   _____

¿Cómo respondo a esta verdad?

1. Creo que mi nueva vida en Cristo es real. Dios inició mi transformación cuando acepté a Jesús. Filipenses 1:6 ☐
2. Reconozco que crecer en Cristo es un proceso continuo. Colosenses 2:6-7 ☐
3. Hoy decido morir a mi vida pasada y vivir guiado por el Espíritu Santo. Gálatas 5:25 ☐

Seguiré tu voz, Señor

"Hoy elijo crecer en Cristo. Ya no vivo yo, Cristo vive en mí, y seguiré avanzando hasta reflejar Su carácter."

Nombre:_____
Fecha:_____
Instructor:_____

La Iglesia

1. **¿Qué significa la palabra "iglesia"?** *Hechos 11:26*

   Respuesta:_____

   _____

2. **¿Quién es el fundamento de la iglesia?** *1 Corintios 3:11*

   Respuesta:_____

   _____

3. **¿Quiénes forman la iglesia?** *1 Corintios 12:27*

   Respuesta:_____

   _____

4. **¿Dónde puede reunirse una iglesia?** *Romanos 16:5*

   Respuesta:_____

   _____

5. **¿Qué dones hay dentro de la iglesia?** *1 Corintios 12:28*

   Respuesta:_____

   _____

6. **¿Cuál es la misión principal de la iglesia?** *Mateo 28:19*

   Respuesta:_____

   _____

7. **¿Quién es la cabeza de la iglesia?** *Efesios 1:22*

   Respuesta:_____

   _____

¿Cómo respondo a esta verdad?

1. Creo y afirmo que soy parte del cuerpo de Cristo. 1 Corintios 12:27 ☐
2. Reconozco y afirmo que la iglesia tiene un solo fundamento. 1 Corintios 3:11 ☐
3. Hoy decido ser un miembro activo de la iglesia de Cristo. Mateo 28:19 ☐

Seguiré tu voz, Señor

"Hoy decido servir activamente en la iglesia de Cristo y participar en Su misión."

Nombre:_____

Fecha:_____

Instructor:_____

El Remanente y su Misión

1. **¿Qué representa la mujer y el dragón en Apocalipsis 12?**
   Apocalipsis 12:1-4
   Respuesta:_____
   _____

2. **¿Cómo protegió Dios a su iglesia durante la persecución profética?**
   Apocalipsis 12:6
   Respuesta:_____

3. **¿Qué sucedería después de la muerte de los apóstoles?** Hechos 20:29-30
   Respuesta:_____
   _____

4. **¿Qué señales espirituales acompañarían la apostasía?**
   2 Tesalonicenses 2:3-4
   Respuesta:_____
   _____

5. **¿Cómo identifica la Biblia al remanente fiel en el tiempo del fin?**
   Apocalipsis 12:17
   Respuesta:_____
   _____

6. **¿Qué mensaje proclama el remanente a todo el mundo?**
   Apocalipsis 14:6-7
   Respuesta:_____
   _____

7. **¿Qué manda Jesús a sus discípulos respecto a esta misión?**
   Mateo 28:19-20
   Respuesta:_____
   _____

¿Cómo respondo a esta verdad?

1. **Creo** que Dios tiene un pueblo fiel en el tiempo del fin. Apocalipsis 14:12 ☐
2. **Creo** que formo parte del pueblo escogido de Dios. 1 Pedro 2:9 ☐
3. **Quiero** ser parte del pueblo escogido de Dios. Isaías 6:8 ☐

Seguiré tu voz, Señor

Decido hoy comprometerme con la misión del remanente.

Nombre:_____

Fecha:_____

Instructor:_____

CONECTADOS

Un Solo Cuerpo en Cristo

1. **¿Quién es la cabeza del cuerpo espiritual llamado iglesia?** *Colosenses 1:18*
   Respuesta:_____
   _____

2. **¿Cuántos cuerpos hay según la Biblia?** *Efesios 4:4*
   Respuesta:_____
   _____

3. **¿Cómo se logra la unidad entre los creyentes?** *Efesios 4:3*
   Respuesta:_____
   _____

4. **¿Qué identifica a los verdaderos discípulos de Jesús?** *Juan 13:35*
   Respuesta:_____
   _____

5. **¿Quién da los dones para edificar la iglesia unida?** *1 Corintios 12:11*
   Respuesta:_____
   _____

6. **¿Qué tipo de unidad pidió Jesús al Padre?** *Juan 17:21*
   Respuesta:_____
   _____

7. **¿Qué produce la unidad entre los creyentes?** *Romanos 15:6*
   Respuesta:_____
   _____

¿Cómo respondo a esta verdad?

1. Creo y afirmo que soy parte viva del cuerpo de Cristo. 1 Corintios 12:27 ☐
2. Reconozco que necesito a mis hermanos en la fe. Romanos 12:5 ☐
3. Hoy decido ser parte activa en el cuerpo de Cristo. Efesios 4:16 ☐

Seguiré tu voz, Señor

"Elijo vivir conectado al cuerpo de Cristo, creciendo en amor y edificando a otros con lo que Dios me ha dado."

Nombre:_____
Fecha:_____
Instructor:_____

El Bautismo

1. **¿Qué representa el bautismo según la Biblia?** Romanos 6:4
   Respuesta:_____
   _____

2. **¿Qué requisito esencial se necesita antes del bautismo?** Marcos 16:16
   Respuesta:_____
   _____

3. **¿Qué más se requiere además de fe?** Hechos 2:38
   Respuesta:_____
   _____

4. **¿Cómo debe realizarse el bautismo?** Mateo 3:16
   Respuesta:_____
   _____

5. **¿Quién dio el ejemplo de bautismo?** Mateo 3:13-15
   Respuesta:_____
   _____

6. **¿Qué promesa se da a quienes se bautizan con fe y arrepentimiento?**
   Hechos 2:38
   Respuesta:_____
   _____

7. **¿Qué dice la Biblia sobre el bautismo infantil?** Hechos 8:36-37
   Respuesta:_____
   _____

¿Cómo respondo a esta verdad?

1. Creo que por el bautismo me uno a la nueva vida en Cristo. Gálatas 3:27 ☐
2. Creo que el bautismo simboliza mi muerte al pecado y mi resurrección. Colosenses 2:12 ☐
3. Hoy decido obedecer a Cristo y bautizarme. Romanos 6:3-4 ☐

Seguiré tu voz, Señor

Hoy decido vivir una vida nueva en Cristo, dejando el pasado atrás y obedeciendo al Señor mediante el bautismo.

Nombre:_____

Fecha:_____

Instructor:_____

La Cena del Señor

1. ¿Qué representa el pan y el vino en la Cena del Señor?
1 Corintios 10:16

Respuesta:_____

_____

2. ¿Qué significa participar del mismo pan? 1 Corintios 10:17

Respuesta:_____

3. ¿Cuál fue la instrucción de Jesús al instituir la Cena? 1 Corintios 11:24

Respuesta:_____

_____

4. ¿Qué debemos hacer antes de participar de la Cena del Señor?
1 Corintios 11:28

Respuesta:_____

_____

5. ¿Qué nos enseña Jesús con el lavamiento de los pies? Juan 13:14-15

Respuesta:_____

_____

6. ¿Qué proclamamos al participar de la Cena del Señor? 1 Corintios 11:26

Respuesta:_____

_____

7. ¿Qué efecto tiene participar indignamente? 1 Corintios 11:29

Respuesta:_____

_____

¿Cómo respondo a esta verdad?

1. Al participar de la Cena, decido vivir unido al cuerpo de Cristo. 1 Corintios 10:17 ☐
2. Creo y vivo agradecido por el sacrificio de Jesús. 1 Corintios 11:24 ☐
3. Decido examinar mi vida y vivir en obediencia y humildad. Lamentaciones 3:40 ☐

Seguiré tu voz, Señor

Hoy decido acercarme a la Mesa del Señor con un corazón sincero, dispuesto a arrepentirme, reconciliarme y servir a otros con humildad, tal como Jesús nos enseñó.

Nombre:_____

Fecha:_____

Instructor:_____

Los Dones y Ministerios Espirituales

1. **¿Quién es el que reparte los dones espirituales?**
   1 Corintios 12:11
   Respuesta:_____
   _____

2. **¿Para qué propósito se nos dan los dones?** *Efesios 4:12*
   Respuesta:_____
   _____

3. **¿Tiene cada creyente al menos un don?** *1 Pedro 4:10*
   Respuesta:_____
   _____

4. **¿Cómo deben usarse los dones dentro del cuerpo de Cristo?**
   Romanos 12:6
   Respuesta:_____
   _____

5. **¿Qué pasa cuando los dones se usan sin amor?** *1 Corintios 13:2*
   Respuesta:_____
   _____

6. **¿Cuál es la actitud correcta al descubrir y usar nuestro don?**
   Romanos 12:3
   Respuesta:_____
   _____

7. **¿Cuál debe ser nuestra oración respecto a los dones?** *Santiago 1:5*
   Respuesta:_____
   _____

¿Cómo respondo a esta verdad?

1. Creo que Dios me dio un don para servir y edificar a otros en el cuerpo de Cristo. 1 Corintios 12:7 ☐
2. Creo que mis dones tienen un propósito eterno. Efesios 4:12 ☐
3. Decido buscar a Dios en oración, reconocer con humildad el don que Él me ha dado. 1 Corintios 13:2 ☐

Seguiré tu voz, Señor

Hoy respondo diciendo: Señor, gracias por los dones que has puesto en mí. Decido usarlos con amor, humildad y fidelidad para edificar tu iglesia y servir a otros. Amén.

Nombre:_____

Fecha:_____

Instructor:_____

El Don de Profecía

1. **¿Quién concede el don de profecía a la iglesia?** *Joel 2:28*
   Respuesta:_____
   _____

2. **¿Cuál es la función principal del don de profecía?** *1 Corintios 14:3*
   Respuesta:_____
   _____

3. **¿A través de quién habla Dios a su pueblo?** *Amós 3:7*
   Respuesta:_____
   _____

4. **¿Qué identifica al remanente fiel en los últimos días?** *Apocalipsis 12:17*
   Respuesta:_____
   _____

5. **¿Qué es el testimonio de Jesús según la Biblia?** *Apocalipsis 19:10*
   Respuesta:_____
   _____

6. **¿Qué actitud debemos tener hacia las profecías?** *1 Tesalonicenses 5:20–21*
   Respuesta:_____
   _____

7. **¿Cuál es la prueba fundamental de un verdadero profeta?**
   Isaías 8:20
   Respuesta:_____
   _____

¿Cómo respondo a esta verdad?

1. Creo que Dios no deja a su iglesia sin dirección. Amós 3:7 ☐
2. Creo que el don de profecía no es para confusión ni temor.
   1 Corintios 14:3 ☐
3. Decido aceptar y obedecer la Palabra revelada por Dios. Isaías 8:20 ☐

Seguiré tu voz, Señor

Hoy decido creer que Dios guía a su iglesia, aceptar el testimonio de Jesús y vivir conforme a Su Palabra.

Nombre:_____

Fecha:_____

Instructor:_____

La Ley de Dios

1. **¿Quién escribió los Diez Mandamientos?** *Éxodo 31:18*

   Respuesta:_____

   _____

2. **¿Qué propósito tiene la Ley de Dios?** *Salmo 19:7*

   Respuesta:_____

   _____

3. **¿Son los mandamientos una carga para el creyente?** *1 Juan 5:3*

   Respuesta:_____

   _____

4. **¿La Ley salva a las personas?** *Efesios 2:8-9*

   Respuesta:_____

   _____

5. **¿Qué dijo Jesús sobre guardar los mandamientos?** *Juan 14:15*

   Respuesta:_____

   _____

6. **¿Qué refleja la Ley de Dios?** *Romanos 7:12*

   Respuesta:_____

   _____

7. **¿Qué pasa si alguien desobedece un solo mandamiento?** *Santiago 2:10*

   Respuesta:_____

   _____

¿Cómo respondo a esta verdad?

1. Creo que La Ley de Dios es buena y perfecta. *Salmo 19:7* ☐
2. Creo que La Ley confirma la santidad de Dios y Su voluntad. Romanos 7:12 ☐
3. Decido obedecer por amor, no para ser salvo. Juan 14:15 ☐

Seguiré tu voz, Señor

Hoy afirmo que soy salvo por la gracia de Cristo y decido guardar Su Ley como respuesta de amor y fidelidad.

Nombre:_____

Fecha:_____

Instructor:_____

El Sábado, la Señal Olvidada

1. **¿Quién instituyó el sábado y cuándo?** *Génesis 2:3*
   Respuesta:_____
   _____

2. **¿Qué debemos hacer con el día sábado?** *Éxodo 20:8*
   Respuesta:_____
   _____

3. **¿Qué día de la semana es el sábado bíblico?** *Éxodo 20:10*
   Respuesta:_____
   _____

4. **¿Para quién fue hecho el sábado?** *Marcos 2:27*
   Respuesta:_____
   _____

5. **¿Jesús guardó el sábado?** *Lucas 4:16*
   Respuesta:_____
   _____

6. **¿El sábado seguirá existiendo en la nueva tierra?** *Isaías 66:23*
   Respuesta:_____
   _____

7. **¿Cómo muestra el sábado nuestra lealtad a Dios?** *Apocalipsis 14:12*
   Respuesta:_____
   _____

¿Cómo respondo a esta verdad?

1. Acepto que el sábado es santo porque Dios mismo lo bendijo. Éxodo 20:11 ☐
2. Acepto que el sábado es un día de gozo, comunión con Dios. Isaías 58:13-1 ☐
3. Hoy decido guardar el sábado como señal de mi lealtad. Apocalipsis 14:12 ☐

Seguiré tu voz, Señor

"Señor, acepto tu sábado como tu señal en mi vida. Elijo honrarte con mi tiempo, mi adoración y mi obediencia."

Nombre:_____

Fecha:_____

Instructor:_____

Mayordomos de Dios

1. **¿A quién pertenece todo lo que existe?** Salmo 24:1

   Respuesta:_____

   _____

2. **¿Qué significa ser un mayordomo de Dios?** 1 Corintios 4:2

   Respuesta:_____

   _____

3. **¿Qué espera Dios que hagamos con nuestro cuerpo?** 1 Corintios 6:19-20

   Respuesta:_____

   _____

4. **¿Cómo debemos usar nuestras capacidades y talentos?** Colosenses 3:23

   Respuesta:_____

   _____

5. **¿Qué dice la Biblia sobre el uso del tiempo?** Efesios 5:16

   Respuesta:_____

   _____

6. **¿Cuál es el propósito de los diezmos y las ofrendas?** Malaquías 3:10

   Respuesta:_____

   _____

7. **¿Qué actitud debemos tener hacia los necesitados?** Mateo 25:40

   Respuesta:_____

   _____

¿Cómo respondo a esta verdad?

1. Reconozco que todo lo que tengo y soy pertenece a Dios. Salmo 24:1 ☐
2. Creo que Dios me ha confiado recursos, tiempo, talentos, y tesoros espera fidelidad en cómo los administro. 1 Corintios 4:2 ☐
3. Acepto ser un mayordomo fiel. 1 Corintios 6:19-20 ☐

Seguiré tu voz, Señor

Hoy decido vivir como mayordomo fiel, usando mi cuerpo, mi tiempo, mis talentos y mis recursos para la gloria de Dios y el servicio a los demás.

Nombre:_____

Fecha:_____

Instructor:_____

La Conducta Cristiana

1. **¿Cómo debe ser la actitud del cristiano ante el mundo?**
   Juan 17:15-16
   Respuesta:_____
   _____

2. **¿Qué relación tiene la conducta con la salvación?** *Gálatas 5:4*
   Respuesta:_____
   _____

3. **¿Qué debe hacer un cristiano cuando otro cae?** *Gálatas 6:1-2*
   Respuesta:_____
   _____

4. **¿Por qué es importante cuidar nuestro cuerpo?** *1 Corintios 6:19*
   Respuesta:_____
   _____

5. **¿Qué hábitos reflejan una vida cristiana saludable?** *Proverbios 6:6*
   Respuesta:_____
   _____

6. **¿Qué debe ocupar nuestra mente como cristianos?** *Filipenses 4:8*
   Respuesta:_____
   _____

7. **¿Nuestra apariencia externa importa para Dios?** *1Timoteo 2:9*
   Respuesta:_____
   _____

¿Cómo respondo a esta verdad?

1. Acepto que Dios transforma mi conducta al renovar mi mente. Filipenses 4:8 ☐
2. Creo que mi vida y mi cuerpo pertenecen a Dios. 1 Corintios 6:19-20 ☐
3. Decido ayudar a otros a volver a Jesús Gálatas 6:1-2 ☐

Seguiré tu voz, Señor

Hoy decido vivir una conducta cristiana coherente con mi fe, actuando con gracia hacia los demás y reflejando a Cristo en todo lo que hago.

Nombre:_____

Fecha:_____

Instructor:_____

El Matrimonio y La Familia

1. **¿Quién instituyó el matrimonio y con qué propósito?**
   Génesis 2:24
   Respuesta:_____
   _____

2. **¿Qué representa el matrimonio según la Biblia?** *Efesios 5:31-32*
   Respuesta:_____
   _____

3. **¿Qué principio debe gobernar la relación entre esposo y esposa?**
   Efesios 5:21
   Respuesta:_____
   _____

4. **¿Cómo se describe la intimidad en el matrimonio?** *1 Corintios 7:3*
   Respuesta:_____
   _____

5. **¿Qué advertencia hace Dios sobre unirse en yugo desigual?** *2 Corintios 6:14*
   Respuesta:_____
   _____

6. **¿Qué consecuencias trae desobedecer el plan de Dios para la familia?** *1 Reyes 11:4*
   Respuesta:_____
   _____

7. **¿Qué esperanza ofrece Jesús a los matrimonios y familias heridas?** *Juan 8:11*
   Respuesta:_____
   _____

¿Cómo respondo a esta verdad?

1. Creo que el matrimonio fue instituido por Dios Génesis 2:24 ☐
2. Creo que el matrimonio es un reflejo sagrado del amor de Cristo por Su iglesia Efesios 5:31-32 ☐
3. Me entrego a Jesús para que el restaure mi matrimonio y mi familia Salmos 127:1 ☐

Seguiré tu voz, Señor

Hoy decido permitir que Jesús restaure mi matrimonio y mi familia, creyendo que Él puede devolver lo que el dolor, los errores y el tiempo parecían haber destruido.

Nombre:_____

Fecha:_____

Instructor:_____

El Ministerio de Cristo en el Santuario Celestial

1. **¿Dónde está Jesús ahora y qué función cumple?**
   Hebreos 8:1-2
   Respuesta:_____
   _____

2. **¿Qué representa el santuario terrenal que Dios mandó construir?**
   Hebreos 8:5
   Respuesta:_____
   _____

3. **¿Cuál fue el papel de Jesús en la cruz en relación con el santuario?**
   Juan 1:29
   Respuesta:_____
   _____

4. **¿Qué ocurrió al morir Jesús que marcó el fin del sistema levítico?**
   Mateo 27:51
   Respuesta:_____
   _____

5. **¿Qué hace ahora Jesús en el cielo por nosotros?** *Hebreos 7:25*
   Respuesta:_____
   _____

6. **¿Hay algún otro mediador entre Dios y los hombres?** *1 Timoteo 2:5*
   Respuesta:_____
   _____

7. **¿Qué evento profético marca el inicio del juicio investigador en el cielo?** *Daniel 8:14*
   Respuesta:_____
   _____

¿Cómo respondo a esta verdad?

1. Creo que Jesús vive hoy y que su intercesión es constante. Hebreos 7:25 ☐
2. Confío que tengo libre acceso a Dios porque Cristo. Hebreos 4:14-16 ☐
3. Hoy decido acercarme a Dios con fe, aceptar a Jesús como mi único Mediador. Hebreos 10:21-22 ☐

Seguiré tu voz, Señor

"Acepto por fe a Jesús como mi único Mediador y confío en su obra en el Santuario Celestial."

Nombre:_____

Fecha:_____

Instructor:_____

The image depicts icons.

La Segunda Venida de Cristo

1. **¿Será visible la venida de Jesús?** *Apocalipsis 1:7*

   Respuesta:_____

   _____

2. **¿Cómo será anunciada su venida?** *1 Tesalonicenses 4:16*

   Respuesta:_____

   _____

3. **¿Será un evento glorioso y literal?** *Tito 2:13*

   Respuesta:_____

   _____

4. **¿Qué pasará con los muertos en Cristo?** *1 Tesalonicenses 4:16*

   Respuesta:_____

   _____

5. **¿Qué sucederá con los vivos que esperan al Señor?** *1 Tesalonicenses 4:17*

   Respuesta:_____

   _____

6. **¿Cómo distinguir la verdadera venida de los engaños?** *Mateo 24:27*

   Respuesta:_____

   _____

7. **¿Qué promesa dejó Jesús a sus discípulos?** *Juan 14:3*

   Respuesta:_____

   _____

¿Cómo respondo a esta verdad?

1. Creo que la venida de Jesús será visible y real   Apocalipsis 1:7 ☐
2. Creo que los redimidos, vivos y resucitados estaremos para siempre con el Señor 1 Tesalonicenses 4:16-17 ☐
3. Acepto la promesa de Jesús de que volverá por mí   Juan 14:3 ☐

Seguiré tu voz, Señor

Hoy decido vivir preparado y fiel, esperando con gozo la venida visible y gloriosa de Jesús.

Nombre:_____

Fecha:_____

Instructor:_____

La Muerte y la Resurrección

1. **¿Qué sucede con el ser humano cuando muere?**
   Eclesiastés 12:7
   Respuesta:_____
   _____

2. **¿Los muertos tienen conciencia o conocimiento?** *Eclesiastés 9:5*
   Respuesta:_____
   _____

3. **¿Quién es el único que tiene inmortalidad?** *1 Timoteo 6:16*
   Respuesta:_____
   _____

4. **¿Qué dijo la serpiente acerca de la muerte?** *Génesis 3:4*
   Respuesta:_____
   _____

5. **¿Cuál es la esperanza para los que mueren en Cristo?** *1 Tesalonicenses 4:16*
   Respuesta:_____
   _____

6. **¿Está permitido consultar a los muertos o adivinos?** *Levítico 19:31*
   Respuesta:_____
   _____

7. **¿Cuándo recibiremos la inmortalidad?** *1 Corintios 15:52-53*
   Respuesta:_____
   _____

¿Cómo respondo a esta verdad?

1. Creo que la muerte es un estado de inconsciencia total. Eclesiastés 9:5 ☐
2. Acepto que mi esperanza no está en la muerte, sino en la resurrección prometida por Cristo. 1 Tesalonicenses 4:16 ☐
3. Decido confiar plenamente en Jesucristo, y en la resurrección prometida. 1 Corintios 15:52-53 ☐

Seguiré tu voz, Señor

"Hoy decido confiar en Jesucristo y vivir con la esperanza segura de la resurrección y la vida eterna".

Nombre:_____

Fecha:_____

Instructor:_____

El Milenio y el Fin del Pecado

1. **¿Cuándo comienza el milenio según la Biblia?**
   Apocalipsis 20:6
   Respuesta:_____
   _____

2. **¿Qué sucede con los justos en la segunda venida de Cristo?**
   1 Tesalonicenses 4:16-17
   Respuesta:_____
   _____

3. **¿Qué les sucede a los impíos cuando Cristo regrese?** 2 Tesalonicenses 1:7-8
   Respuesta:_____

4. **¿Qué ocurre con Satanás durante el milenio?** Apocalipsis 20:1-3
   Respuesta:_____
   _____

5. **¿Qué hacen los justos durante el milenio?** Apocalipsis 20:4
   Respuesta:_____
   _____

6. **¿Qué sucede al final del milenio?** Apocalipsis 20:7-9
   Respuesta:_____
   _____

7. **¿Qué esperanza tienen los redimidos después del milenio?**
   Apocalipsis 21:1-4
   Respuesta:_____
   _____

¿Cómo respondo a esta verdad?

1. Quiero vivir en santidad, y pongo mi esperanza en la resurrección en Cristo Apocalipsis 20:6 ☐
2. Decido vivir con esperanza eterna, confiando en que Dios hará nuevas todas las cosas. Apocalipsis 21:3-4 ☐

Seguiré tu voz, Señor

Hoy reafirmo mi compromiso con Jesucristo. Rechazo el pecado, vivo con la mirada puesta en la eternidad.

Nombre:_____

Fecha:_____

Instructor:_____

La Tierra Nueva

1. **¿Qué promete Dios para el futuro del mundo?**
   Apocalipsis 21:1
   Respuesta:_____
   _____

2. **¿Qué tipo de vida tendrán los redimidos en la Tierra Nueva?**
   Apocalipsis 21:4
   Respuesta:_____
   _____

3. **¿Quién vivirá con nosotros en la Tierra Nueva?** Apocalipsis 21:3
   Respuesta:_____

4. **¿Qué condiciones deben cumplir los que quieran entrar en la Tierra Nueva?** Apocalipsis 21:7   Apocalipsis 21:27
   Respuesta:_____
   _____

5. **¿Cómo describe la Biblia la ciudad santa, la Nueva Jerusalén?**
   Apocalipsis 21:18-21
   Respuesta:_____
   _____

6. **¿Qué actividad tendrán los redimidos en la eternidad?** Isaías 65:21-22
   Respuesta:_____
   _____

7. **¿Cuál es la mayor recompensa para los salvos?** Apocalipsis 22:4-5
   Respuesta:_____
   _____

¿Cómo respondo a esta verdad?

1. Creo que Dios traerá un futuro totalmente nuevo, donde el pasado de dolor no volverá a afectar la vida de los redimidos. Isaías 65:17 ☐
2. Creo que la Tierra Nueva será un lugar donde reinará la justicia perfecta de Dios y donde el pecado no tendrá lugar. 2 Pedro 3:13 ☐
3. Decido vivir hoy con la mirada puesta en la eternidad, ordenando mi vida conforme a los valores del cielo. Colosenses 3:1-2 ☐

Seguiré tu voz, Señor

Hoy creo, hoy espero y hoy decido caminar con Dios.

Nombre:_____

Fecha:_____

Instructor:_____

El Clamor de los Cielos

Tema central: *Los tres mensajes angélicos de Apocalipsis 14:6-12*

1. **¿Qué mensaje lleva el primer ángel, y a quién debe proclamarse?**
Apocalipsis 14:6
Respuesta:_____
_____

2. **¿Qué orden da el primer ángel respecto a la adoración?** Apocalipsis 14:7
Respuesta:_____
_____

3. **¿Qué representa Babilonia y por qué ha caído?** Apocalipsis 14:8
Respuesta:_____
_____

4. **¿Cuál es la advertencia del tercer ángel para quienes adoran a la bestia?**
Apocalipsis 14:9-10
Respuesta:_____
_____

5. **¿Cuál será la señal decisiva en el conflicto final entre la bestia y Dios?**
Éxodo 20:8-11
Respuesta:_____
_____

6. **¿Qué caracteriza al pueblo que permanece fiel en el tiempo del fin?**
Apocalipsis 14:12
Respuesta:_____
_____

7. **¿Qué evento sigue a los mensajes de los tres ángeles?** Apocalipsis 14:14
Respuesta:_____
_____

¿Cómo respondo a esta verdad?

1. Creo que Dios sigue llamando a toda la humanidad con un evangelio eterno, Apocalipsis 14:6 ☐
2. Creo que el pueblo fiel del tiempo del fin se distingue por obediencia a Dios y una fe viva en Jesús, Apocalipsis 14:12 ☐
3. Hoy decido adorar solo al Creador, darle gloria con mi vida, obedecer sus mandamientos incluido el sábado Apocalipsis 14:7 ☐

Seguiré tu voz, Señor

"Señor, quiero ser parte de ese pueblo que escucha el clamor del cielo y responde con fidelidad en la tierra."

Nombre:_____

Fecha:_____

Instructor:_____

El Evangelio Eterno

1. **¿Qué es el "evangelio eterno" mencionado en Apocalipsis 14?** *1 Pedro 1:18-20*
   Respuesta:_____
   _____

2. **¿Cuándo se reveló por primera vez este evangelio a la humanidad?** *Génesis 3:21*
   Respuesta:_____
   _____

3. **¿Cómo fue ilustrado el evangelio en el Antiguo Testamento?** *Levítico 22:20*
   Respuesta:_____
   _____

4. **¿Cómo cumplió Jesús ese evangelio en su vida?** *Hebreos 4:15*
   Respuesta:_____
   _____

5. **¿Qué debe hacer una persona para recibir el evangelio?** *1 Juan 1:9*
   Respuesta:_____
   _____

6. **¿Qué implica aceptar el evangelio en la vida diaria?** *Apocalipsis 14:7*
   Respuesta:_____
   _____

7. **¿Cuál es la misión de los creyentes respecto al evangelio?** *Mateo 24:14*
   Respuesta:_____
   _____

¿Cómo respondo a esta verdad?

1. Creo en el evangelio eterno como el poder de Dios para mi salvación. Romanos 1:16 ☐
2. Acepto la gracia de Cristo como el fundamento de mi vida. Efesios 2:8-9 ☐
3. Decido seguir a Jesús fielmente y vivir para anunciar Su evangelio al mundo. Marcos 8:34 ☐

Seguiré tu voz, Señor

Hoy decido seguir a Jesús cada día, permitiendo que el evangelio eterno gobierne mis decisiones, mi carácter y mi misión.

Nombre:_____

Fecha:_____

Instructor:_____

El Temor de Jehová

Apocalipsis 14:6-7

1. **¿Qué significa "temer a Dios" según la Biblia?** Salmo 2:11
   Respuesta:_____
   _____

2. **¿Por qué es importante temer a Dios?** Proverbios 9:10
   Respuesta:_____
   _____

3. **¿Es el temor de Dios una elección personal o un don divino?**
   Nehemías 1:11, Jeremías 32:40
   Respuesta:_____
   _____

4. **¿Cómo se refleja el temor de Dios en nuestra vida diaria?**
   Eclesiastés 12:13, Levítico 19:14
   Respuesta:_____
   _____

5. **¿Qué relación hay entre temer a Dios y conocerle íntimamente?**
   Deuteronomio 13:4
   Respuesta:_____
   _____

6. **¿Qué ejemplos bíblicos nos enseñan lo que es temer a Dios?**
   Hebreos 11:7, Génesis 22:12
   Respuesta:_____
   _____

7. **¿Qué promesas ha dado Dios para los que le temen?** Salmo 103:11
   Proverbios 10:27, Apocalipsis 11:18
   Respuesta:_____
   _____

¿Cómo respondo a esta verdad?

1. Creo que temer a Dios me conduce a una relación íntima con Él y a conocer Su voluntad. Salmos 25:14 ☐
2. Afirmo que el temor de Dios trae vida, protección y dirección segura para mi camino. Proverbios 14:27 ☐
3. Hoy decido temer a Jehová, servirle con un corazón íntegro y ordenar mi vida conforme a Su voluntad. Josué 24:14 ☐

Seguiré tu voz, Señor

"Temer a Dios no es huir de Él, sino vivir cada día consciente de Su santidad, Su amor y Su autoridad."

Nombre:_____

Fecha:_____

Instructor:_____

Dadle, Gloria a Dios

1. **¿Qué significa "darle gloria a Dios" según el mensaje del primer ángel?** *Apocalipsis 14:6-7*
   Respuesta:_____
   _____

2. **¿Qué mostró Dios a Moisés cuando pidió ver su gloria?** *Éxodo 33:18-19; 34:6-7*
   Respuesta:_____
   _____

3. **¿Cómo refleja una persona la gloria de Dios en su vida?** *2 Corintios 3:18*
   Respuesta:_____
   _____

4. **¿Cómo pueden nuestras acciones glorificar a Dios?** *Mateo 5:16*
   Respuesta:_____
   _____

5. **¿Cuál es el fruto del Espíritu y cómo glorifica a Dios?** *Gálatas 5:22-23*
   Respuesta:_____
   _____

6. **¿Cómo influye nuestra salud en la manera en que glorificamos a Dios?** *1 Corintios 10:31; 6:19-20*
   Respuesta:_____
   _____

7. **¿Qué dice la Biblia sobre la gloria final que llenará la tierra?** *Apocalipsis 18:1; Isaías 58:6-8*
   Respuesta:_____
   _____

¿Cómo respondo a esta verdad?

1. Reconozco que toda mi vida, aun lo cotidiano, puede y debe reflejar la gloria de Dios. 1 Corintios 10:31 ☐
2. Creo que mis acciones transformadas por Cristo revelan el carácter de Dios al mundo. Mateo 5:16 ☐
3. Hoy decido glorificar a Dios con todo mi ser Romanos 12:1 ☐

Seguiré tu voz, Señor

"Señor, hoy elijo vivir para tu gloria, reflejar tu carácter y honrarte en todo lo que soy y hago."

Nombre:_____

Fecha:_____

Instructor:_____

La Hora del Juicio Divino - *Apocalipsis 14:6-7*

1. **¿Quién será juzgado según la Biblia?** *2 Corintios 5:10*
   Respuesta:_____
   _____

2. **¿Cuándo comenzó la hora del juicio?** *Apocalipsis 14:7*
   Respuesta:_____
   _____

3. **¿Qué se utiliza como evidencia en el juicio celestial?** *Eclesiastés 12:14*
   Respuesta:_____
   _____

4. **¿Hay libros en el cielo que registran nuestras acciones?** *Daniel 7:10*
   Respuesta:_____
   _____

5. **¿Quién es nuestro abogado defensor en el juicio?** *1 Juan 2:1*
   Respuesta:_____
   _____

6. **¿Qué sucede con los pecados confesados ante Dios?** *1 Juan 1:9*
   Respuesta:_____
   _____

7. **¿Qué esperanza tiene el creyente en el día del juicio?** *Romanos 8:1*
   Respuesta:_____
   _____

¿Cómo respondo a esta verdad?

1. Creo que Cristo es mi Abogado y no hay condenación en Él. Romanos 8:1 ☐
2. Creo que en el día del juicio no estoy solo Cristo me representa. 1 Juan 2:1 ☐
3. No temo al juicio, porque mis pecados están bajo la gracia de Cristo. Eclesiastés 12:14 ☐

Seguiré tu voz, Señor

Hoy decido vivir en reverencia a Dios y confiar plenamente en Jesucristo como mi Abogado y Señor.

Nombre:_____
Fecha:_____
Instructor:_____

Adorad al Creador.

Texto base Apocalipsis 14:6-7

1. **¿En qué momento de la historia de la humanidad fue instituido el sábado?** *Génesis 2:2-3*
Respuesta:_____
_____

2. **¿Qué hace diferente a la semana de otros ciclos de tiempo (día, mes, año)?** *Éxodo 20:11*
Respuesta:_____
_____

3. **¿Qué significa que Dios bendijo y santificó el séptimo día?** *Éxodo 20:11*
Respuesta:_____
_____

4. **¿Por qué el sábado es llamado señal o sello entre Dios y su pueblo?** *Éxodo 31:13,17*
Respuesta:_____
_____

5. **¿Qué significado tiene que el séptimo día no tenga la expresión "y fue la tarde y la mañana"?** *Hebreos 4:3-4*
Respuesta:_____
_____

6. **¿Cómo conecta la Biblia el sábado con la adoración verdadera en el tiempo del fin?** *Apocalipsis 14:6-7* (*Daniel 7:25*).
Respuesta:_____
_____

7. **¿Qué nos enseña la Biblia sobre el sábado en la vida eterna?** *Isaías 66:23*
Respuesta:_____
_____

¿Cómo respondo a esta verdad?

1. Creo que Dios es digno de adoración porque es el Creador. Salmos 148:3,5 ☐
2. Acepto que la adoración verdadera reconoce Su obra creadora. Apocalipsis 4:11 ☐
3. Decido adorar al Creador reconociendo Su autoridad sobre mi vida. Apocalipsis 14:12 ☐

Seguiré tu voz, Señor

"Hoy decido adorar al Creador, honrar şus mandamientos y guardar el sábado como señal de mi fidelidad a Él."

Nombre:_____

Fecha:_____

Instructor:_____

El Espíritu de Babilonia

1. **¿Dónde se origina el espíritu de Babilonia y en qué consistía su rebelión?** Génesis 11:4
   Respuesta:_____
   _____

2. **¿Qué hizo Dios ante esta rebelión colectiva?** Génesis 11:7-8
   Respuesta:_____

3. **¿Cuál es el fundamento espiritual de Babilonia en el tiempo del fin?** Isaías 47:10
   Respuesta:_____
   _____

4. **¿Cómo describe Apocalipsis a la Babilonia moderna?** Apocalipsis 17:5
   Respuesta:_____
   _____

5. **¿Qué consecuencias trae esta unión espiritual y política?** Apocalipsis 18:3
   Respuesta:_____
   _____

6. **¿Qué llamado hace Dios a su pueblo en medio de este sistema?** Apocalipsis 18:4
   Respuesta:_____
   _____

7. **¿Cuál será el destino final de Babilonia?** Apocalipsis 16:19
   Respuesta:_____
   _____

¿Cómo respondo a esta verdad?

1. Dios derriba el orgullo de los sistemas humanos y sostiene a los fieles. Daniel 4:37 ☐
2. El sistema de Babilonia es pasajero; sólo permanece quien hace la voluntad de Dios. 1 Juan 2:17 ☐
3. Hoy decido salir de todo sistema que me aparte de la verdad de Dios. Apocalipsis 18:4 ☐

Seguiré tu voz, Señor

Elijo permanecer en Cristo, obedecer Su voz y ser parte de Su pueblo fiel.

Nombre:_____
Fecha:_____
Instructor:_____

El Vino de Babilonia

1. **¿Qué representa simbólicamente Babilonia en Apocalipsis?** *Apocalipsis 16:13-14*
   Respuesta:_____
   _____

2. **¿Qué es el "vino" que Babilonia da a beber a las naciones?** *Apocalipsis 17:4*
   Respuesta:_____
   _____

3. **¿Qué doctrinas forman parte del vino de Babilonia?** *Marcos 7:7-8*
   Respuesta:_____
   _____

4. **¿Cuál es el efecto del vino de Babilonia sobre quienes lo beben?** *Jeremías 51:7*
   Respuesta:_____
   _____

5. **¿Qué contraste presenta el mensaje del primer ángel con el vino de Babilonia?** *Apocalipsis 14:6-7*
   Respuesta:_____
   _____

6. **¿Qué llamado hace Dios a su pueblo respecto a Babilonia?** *Apocalipsis 18:4 Apocalipsis 18:4*
   Respuesta:_____
   _____

7. **¿Qué caracterizará al remanente fiel en los últimos días?** *Apocalipsis 14:12*
   Respuesta:_____
   _____

¿Cómo respondo a esta verdad?

1. Creo que Dios revela el engaño religioso para proteger a Su pueblo. Apocalipsis 18:2-3 ☐
2. Afirmo que la verdad de Dios es el único estándar para probar toda doctrina. Isaías 8:20 ☐
3. Decido obedecer el llamado de Dios y permanecer en Su verdad. Apocalipsis 18:4 ☐

Seguiré tu voz, Señor

Decido apartarme del error religioso, seguir la verdad bíblica y honrar a Cristo en doctrina, fe y práctica.

Nombre:_____

Fecha:_____

Instructor:_____

La Fornicación de Babilonia

1. **¿Qué representa la fornicación espiritual en el lenguaje profético?** Ezequiel 16:15
   Respuesta:_____
   _____

2. **¿Con quién fornica la gran ramera y qué significa eso?** Apocalipsis 17:2
   Respuesta:_____
   _____

3. **¿Qué enseñó Jesús sobre la relación entre lo religioso y lo civil?** Mateo 22:21
   Respuesta:_____
   _____

4. **¿Cómo usaron los líderes religiosos el poder civil contra Jesús?** Juan 18:30
   Respuesta:_____
   _____

5. **¿Cuál fue la traición espiritual cometida por los líderes judíos?** Juan 19:15
   Respuesta:_____
   _____

6. **¿Qué espada debe usar la iglesia fiel de Cristo?** Efesios 6:17
   Respuesta:_____
   _____

7. ¿Qué hará la bestia en el tiempo final, y cómo se repetirá la historia? Apocalipsis 13:15
   Respuesta:_____
   _____

¿Cómo respondo a esta verdad?

1. Creo que la fornicación espiritual implica alianza ilícita entre religión apostata, poder civil y ambición terrenal. Apocalipsis 18:3 ☐
2. Creo que la infidelidad espiritual ocurre cuando el pueblo de Dios se une a sistemas contrarios a su Palabra. Santiago 4:4 ☐
3. Hoy decido permanecer fiel a Cristo, Apocalipsis 18:4 ☐

Seguiré tu voz, Señor

Hoy elijo ser leal a Cristo, separarme de toda alianza contraria a Su Palabra y obedecer solo a la verdad de las Escrituras.

Nombre:_____
Fecha:_____
Instructor:_____

¿Quién es el Cuerno Pequeño?

1. **¿Qué representa el cuerno pequeño en la profecía?** Daniel 7:8.
   Respuesta:_____
   _____

2. **¿Qué tres reinos derriba el cuerno pequeño?** Daniel 7:8
   Respuesta:_____
   _____

3. **¿Cuánto tiempo gobernó el cuerno pequeño?** Apocalipsis 13:5.
   Respuesta:_____
   _____

4. **¿Cuáles son las acciones principales del cuerno pequeño?** Daniel 7:25.
   Respuesta:_____
   _____

5. **¿Cómo recibe el cuerno pequeño su poder?** Apocalipsis 13:10
   Respuesta:_____
   _____

6. **¿Qué ocurrió al final de su período profético?** Apocalipsis 13:3
   Respuesta:_____
   _____

7. **¿Qué llamado hace Dios a su pueblo ante el cuerno pequeño?**
   Apocalipsis 14:12.
   Respuesta:_____
   _____

¿Cómo respondo a esta verdad?

1. Creo que Dios tiene dominio final sobre todo poder terrenal. Daniel 7:27. ☐
2. Dios sostiene y protege a los fieles. Daniel 12:1. ☐
3. Creo que soy parte del pueblo que guarda los mandamientos de Dios y la fe de Jesús. Apocalipsis 14:12. ☐

Seguiré tu voz, Señor

Decido permanecer fiel a Cristo y a Su Palabra, resistir toda autoridad o sistema que se oponga a Dios, y vivir con paciencia, fe y obediencia.

Nombre:_____

Fecha:_____

Instructor:_____

La Herida y el Cautiverio de la Bestia

1. **¿Qué simboliza la bestia en Apocalipsis 13 y qué características proféticas posee?** *Apocalipsis 13:1-7*
   Respuesta:_____
   _____

2. **¿Qué dos cosas profetiza Apocalipsis 13:10 que le sucederían a la bestia?** *Apocalipsis 13:10*
   Respuesta:_____
   _____

3. **¿Cómo se cumplió esta profecía en la historia en el año 1798?** *Daniel 7:25; Apocalipsis 13:3*
   Respuesta:_____
   _____

4. **¿Cuál es la diferencia entre la iglesia católica y el papado como sistema profético?** *Apocalipsis 17:1-2*
   Respuesta:_____
   _____

5. **¿Qué enseña Apocalipsis 20 sobre el cautiverio de Satanás, y cómo se relaciona con el del papado?** *Apocalipsis 20:1-3*
   Respuesta:_____
   _____

6. **¿Qué sucederá proféticamente con esta herida mortal?** *Apocalipsis 13:3; 13:12*
   Respuesta:_____
   _____

7. **¿Qué hace Dios con su pueblo en medio de esta crisis profética?** *Apocalipsis 14:12*
   Respuesta:_____
   _____

¿Cómo respondo a esta verdad?

1. Creo que Dios dirige la historia y juzga con justicia. Apocalipsis 13:10, Daniel 2:21 ☐
2. Creo que Dios preserva a su pueblo fiel en medio de la crisis. Salmo 46:1 ☐

Seguiré tu voz, Señor

Hoy decido permanecer firme en la fe de Jesús, confiando en que Dios dirige la historia.

Nombre:_____

Fecha:_____

Instructor:_____

La Bestia con Cuernos de Cordero

1. **¿Qué representa una bestia en la profecía bíblica?**
   Daniel 7:23
   Respuesta:_____
   _____

2. **¿Cuándo aparece la segunda bestia de Apocalipsis 13 y en qué contexto?** *Apocalipsis 13:10-11*
   Respuesta:_____
   _____

3. **¿Qué indican los cuernos semejantes a los de un cordero en esta segunda bestia?** *Mateo 22:21*
   Respuesta:_____
   _____

4. **¿Por qué esta bestia es una contradicción entre su apariencia y sus acciones?** *Apocalipsis 13:11*
   Respuesta:_____
   _____

5. **¿Qué relación tiene esta bestia con la primera bestia?** *Apocalipsis 13:12*
   Respuesta:_____
   _____

6. **¿Qué hace esta bestia en términos de control religioso y económico?** *Apocalipsis 13:16-17*
   Respuesta:_____
   _____

7. **¿Cómo deben responder los creyentes ante leyes que contradicen la conciencia?** *Romanos 13:5*
   Respuesta:_____
   _____

¿Cómo respondo a esta verdad?

1. Decido ser fiel a Dios por encima de la autoridad humana. Hechos 5:29 ☐
2. Creo que Dios sostiene a los que permanecen fieles. Habacuc 2:4 ☐

Seguiré tu voz, Señor

"Hoy decido permanecer fiel a Cristo, aunque las leyes humanas entren en conflicto con mi conciencia"

Nombre:_____

Fecha:_____

Instructor:_____

La Imagen de la Bestia

1. **¿Qué advertencia da el tercer ángel?** *Apocalipsis 14:9-11*

   Respuesta:_____

   _____

2. **¿A qué poder representa la bestia?** *Daniel 7:25*

   Respuesta:_____

   _____

3. **¿Qué nación hace una imagen a la bestia?** *Apocalipsis 13:11-14*

   Respuesta:_____

   _____

4. **¿Qué significa hacer imagen de la bestia?** *Apocalipsis 13:14*

   Respuesta:_____

   _____

5. **¿Cómo se hablará como dragón?** *Apocalipsis 13:11; Mateo 22:21*

   Respuesta:_____

   _____

6. **¿Qué ejemplo bíblico ilustra este peligro?** *Daniel 3:5-6; Daniel 6:10*

   Respuesta:_____

   _____

7. **¿Qué actitud debe tener el pueblo de Dios?** *Apocalipsis 14:12*

   Respuesta:_____

   _____

¿Cómo respondo a esta verdad?

1. Creo que el pueblo fiel permanece leal a Dios. Apocalipsis 12:17 ☐
2. Afirmo que Dios sostiene a los que permanecen firmes. Isaías 33:15-16 ☐

Seguiré tu voz, Señor

Hoy decido: No someter mi conciencia a sistemas religiosos o civiles que usurpen la autoridad de Dios. Daniel 3:17-18

Nombre:_____

Fecha:_____

Instructor:_____

CONECTADOS

El Sueño de un Rey y el Reino de Dios

1. **¿Qué reveló Dios al rey Nabucodonosor mientras dormía?**
   Daniel 2:29
   Respuesta:_____
   _____

2. **¿Quién fue el único que pudo revelar e interpretar el sueño?**
   Daniel 2:27-28
   Respuesta:_____
   _____

3. **¿Qué representaban las distintas partes de la estatua?** *Daniel 2:32-33, 36-40*
   Respuesta:_____
   _____

4. **¿Qué significa la mezcla de hierro y barro en los pies?** Daniel 2:41-43
   Respuesta:_____
   _____

5. **¿Qué representa la piedra que destruye la estatua?** *Daniel 2:44-45*
   Respuesta:_____
   _____

6. **¿Cuál es nuestra decisión frente a la Piedra (Cristo)?** *Mateo 21:44*
   Respuesta:_____
   _____

7. **¿Qué seguridad tenemos al ver el cumplimiento de esta profecía?**
   Isaías 46:9-10
   Respuesta:_____
   _____

¿Cómo respondo a esta verdad?

   1.   Creo que Dios dirige la historia de las naciones Daniel 2:21 ☐
   2.   Creo que Cristo es la Piedra del Reino eterno 1 Pedro 2:6 ☐
   3.   Me rindo a Cristo, la Piedra y el Fundamento Mateo 7:24 ☐

Seguiré tu voz, Señor

Hoy decido edificar mi vida sobre Cristo, la Roca eterna; someter mis planes a Su Reino.

Nombre:_____

Fecha:_____

Instructor:_____

El Santuario en el Libro de Apocalipsis

1. **¿Qué significa que Jesús fue a "preparar lugar" para nosotros?**
   Juan 14:2-3
   Respuesta:_____
   _____

2. **¿Qué representa cada mueble del Lugar Santo en Apocalipsis?**
   Apocalipsis 1:12-13; 8:3-4; Levítico 24:1-4
   Respuesta:_____
   _____

3. **¿Qué evidencia hay de que el juicio comenzó en el Lugar Santísimo?** *Apocalipsis 11:19*
   Respuesta:_____
   _____

4. **¿Qué papel tiene el incienso en la obra sacerdotal de Jesús?**
   Apocalipsis 8:3-4
   Respuesta:_____
   _____

5. **¿Qué representa la ceremonia del macho cabrío Azazel en Apocalipsis?** *Apocalipsis 20:1-3; Levítico 16:10, 21-22*
   Respuesta:_____
   _____

6. **¿Qué evento marca el fin del juicio y la obra intercesora de Cristo?** *Apocalipsis 15:5-8*
   Respuesta:_____
   _____

7. **¿Cuál es el propósito final del santuario según Apocalipsis?**
   Apocalipsis 21:2-4
   Respuesta:_____
   _____

¿Cómo respondo a esta verdad?

1. Creo que Cristo es nuestro Sumo Sacerdote y Mediador. Hebreos 8:1-2, Hebreos 4:14-16 ☐
2. Creo que Dios realiza un juicio justo y redentor. Daniel 7:9-10 ☐
3. Decido Permanecer fiel mientras Cristo intercede. Apocalipsis 22:11-12 ☐

Seguiré tu voz, Señor

Hoy decido vivir en comunión con Cristo, andar en pureza y permanecer fiel mientras Él completa Su obra en el santuario celestial.

Nombre:_____

Fecha:_____

Instructor:_____

La Paciencia de los Santos

1. **¿Qué significa "la paciencia de los santos" en Apocalipsis 14:12?** *Mateo 24:13*
   Respuesta:_____
   _____

2. **¿Por qué será necesaria esta paciencia en los últimos días?** *Apocalipsis 13:17*
   Respuesta:_____
   _____

3. **¿Quién será el principal adversario de los santos en este tiempo?** *1 Pedro 5:8*
   Respuesta:_____
   _____

4. **¿Qué parábola usó Jesús para ilustrar esta perseverancia?** *Lucas 18:1*
   Respuesta:_____
   _____

5. **¿Qué ejemplo encontramos en el Antiguo Testamento de esta perseverancia en oración?** *Génesis 32:26*
   Respuesta:_____
   _____

6. **¿Cómo perseveró Jesús en su momento de prueba?** *Hebreos 5:7*
   Respuesta:_____
   _____

7. **¿Qué promesa tiene Dios para los que desarrollen esta clase de fe y paciencia?** *Apocalipsis 14:14-16*
   Respuesta:_____
   _____

¿Cómo respondo a esta verdad?

1. Creo que, en Cristo, recibo la fortaleza para perseverar aun en medio de la prueba. Mateo 24:13 ☐
2. Confío con paciencia mientras Dios cumple Sus promesas. Hebreos 10:36 ☐

Seguiré tu voz, Señor

Hoy decido permanecer fiel a Dios, guardar Sus mandamientos y vivir por la fe de Jesús, perseverando con paciencia hasta Su venida.

Nombre:_____

Fecha:_____

Instructor:_____

CONECTADOS

Bautizados en Su Muerte para Vivir en Su Vida

1. **¿Qué representa el bautismo según?** Romanos 6:3-4

   Respuesta:_____

   _____

2. **¿Cuál es la condición espiritual del ser humano antes de conocer a Cristo?** Romanos 3:23 Romanos 6:23

   Respuesta:_____

   _____

3. **¿Qué hizo Jesús para darnos una oportunidad de vida?**
   Romanos 5:8 1 Pedro 2:22-24

   Respuesta:_____

   _____

4. **¿Es suficiente solo creer para ser salvo?** Santiago 2:19 Marcos 16:16

   Respuesta:_____

   _____

5. **¿Qué sucede en el acto del bautismo?** Romanos 6:4 2 Corintios 5:17

   Respuesta:_____

   _____

6. **¿Qué ejemplo dejó Jesús respecto al bautismo?** Marcos 1:9
   Mateo 3:15

   Respuesta:_____

   _____

7. **¿Qué decisión debo tomar hoy?** 2 Corintios 6:2 Hechos 22:16

   Respuesta:_____

   _____

¿Cómo respondo a esta verdad?

1. "Creo que en el sacrificio de Jesús recibo perdón y esperanza." Romanos 5:8 ☐

2. "Creo que en Cristo tengo una vida nueva por Su gracia." 2 Corintios 5:17 ☐

Seguiré tu voz, Señor

"Hoy decido aceptar la nueva vida de Cristo y confirmar mi fe en el bautismo."

Nombre:_____

Fecha:_____

Instructor:_____

El Honor del Bautismo

1. **¿Qué significa realmente la palabra "bautismo"?**
Romanos 6:3-4
Respuesta:_____
_____

2. **¿Por qué Jesús, siendo perfecto, fue bautizado?** Mateo 3:16-17
Respuesta:_____
_____

3. **¿Qué sucede en nuestra vida espiritual cuando somos bautizados?**
Gálatas 3:27
Respuesta:_____
_____

4. **¿Qué condiciones son necesarias para bautizarse?** Hechos 8:36-37
Respuesta:_____
_____

5. **¿Qué simboliza el bautismo respecto al pecado?** Romanos 6:6
Respuesta:_____
_____

6. **¿Qué nuevos frutos aparecen en la vida de un bautizado?** Gálatas 5:22-23
Respuesta:_____
_____

7. **¿Qué misión recibe alguien que ha sido bautizado?** Mateo 28:19-20
Respuesta:_____
_____

¿Cómo respondo a esta verdad?

1. Creo que en el bautismo fui unido a Cristo para vivir una vida nueva. Romanos 6:4 ☐
2. Creo que al ser bautizado fui revestido de Cristo y pertenezco a Su pueblo. Gálatas 3:27 ☐

Seguiré tu voz, Señor

Hoy decido honrar mi pacto bautismal, renunciar al pecado y vivir para Cristo.

Nombre:_____
Fecha:_____
Instructor:_____

CONECTADOS

El Bautismo es Necesario

1. **¿Qué enseñó Jesús acerca del bautismo?** Marcos 16:16
   Respuesta:_____
   _____

2. **¿Por qué fue bautizado Jesús si no tenía pecado?** Mateo 3:13-15
   Respuesta:_____
   _____

3. **¿Qué representa el bautismo en la vida del creyente?** Romanos 6:3-4
   Respuesta:_____
   _____

4. **¿Qué debe suceder antes del bautismo?** Hechos 2:38
   Respuesta:_____
   _____

5. **¿Cómo describió Jesús el nuevo nacimiento?** Juan 3:5
   Respuesta:_____
   _____

6. **¿Qué condición muestra que alguien está listo para ser bautizado?**
   Hechos 8:36-37
   Respuesta:_____
   _____

7. **¿Qué ocurre espiritualmente cuando alguien se bautiza?** Gálatas
   3:27, Hechos 8:36
   Respuesta:_____
   _____

¿Cómo respondo a esta verdad?

1. "Creo que Dios ha estado guiando mi vida y hoy quiero responder
   a Su llamado con fe y gratitud." Isaías 48:17 ☐
2. "Creo que Jesús ha sanado mi corazón y me invita a caminar con
   Él en una nueva experiencia de amor y obediencia." Salmo 147:3 ☐

Seguiré tu voz, Señor

"Creo que este es el momento que Dios preparó para mi vida; hoy
decido seguir a Cristo y caminar con Él para siempre."

Nombre:_____

Fecha:_____

Instructor:_____

Vestidos para la Boda

1. **¿A quién representa el rey que prepara la boda?** *Mateo 22:2*
   Respuesta:_____
   _____

2. **¿Quién es el hijo que se casa y qué representa la boda?** *Mateo 22:2*
   Respuesta:_____
   _____

3. **¿Quiénes fueron los primeros convidados y por qué rechazaron la invitación?** *Mateo 22:3-6, Juan 1:11*
   Respuesta:_____
   _____

4. **¿Qué representa la destrucción de la ciudad en la parábola?** *Mateo 22:7 Lucas 19:44*
   Respuesta:_____
   _____

5. **¿Qué hizo el rey cuando los primeros invitados no fueron dignos?** *Mateo 22:8-10*
   Respuesta:_____
   _____

6. **¿Qué representa el vestido de boda y por qué fue echado fuera el hombre sin él?** *Mateo 22:11-13, Isaías 61:10, Apocalipsis 3:5*
   Respuesta:_____
   _____

7. **¿Qué enseña Jesús al decir "muchos son llamados, y pocos escogidos"?** *Mateo 22:14, Mateo 7:21*
   Respuesta:_____
   _____

¿Cómo respondo a esta verdad?

1. Afirmo por fe que Cristo me ofrece Su justicia como mi verdadero vestido. Isaías 61:10 ☐
2. Creo que sólo los que aceptan el vestido de Cristo estarán preparados para las bodas del Cordero. Apocalipsis 19:7-8 ☐

Seguiré tu voz, Señor

Hoy decido rechazar mi propia justicia y vestirme de Cristo, para que mi nombre permanezca en el libro de la vida. Apocalipsis 3:5

Nombre:_____

Fecha:_____

Instructor:_____

La Promesa al Vencedor

1. **¿Qué significa ser un vencedor según la Biblia?** *1 Juan 5:4*
   Respuesta:_____
   _____

2. **¿Cómo venció Jesús y qué actitud tuvo para ser exaltado?**
   Filipenses 2:5-9
   Respuesta:_____

3. **¿Qué nos impide vencer, como le ocurrió a Lucifer?** *Isaías 14:13-14,*
   Proverbios 16:18
   Respuesta:_____
   _____

4. **¿Qué herramientas nos dejó Jesús para alcanzar la victoria**
   diaria? *Juan 15:5, 1 Tesalonicenses 5:17, Salmo 119:105*
   Respuesta:_____
   _____

5. **¿Qué papel juega nuestra voluntad en la vida espiritual?**
   2 Timoteo 1:7, Filipenses 2:12-13
   Respuesta:_____

6. **¿Qué promesa hace Jesús al que vence?** *Apocalipsis 3:21, Romanos 8:17*
   Respuesta:_____
   _____

7. **¿Qué llamado hace Jesús hoy a su iglesia?** *Apocalipsis 3:20,*
   2 Corintios 6:2
   Respuesta:_____
   _____

¿Cómo respondo a esta verdad?

1. Decido no lucho solo. En Cristo ya tengo la victoria. Romanos 8:37 ☐
2. Mi victoria no depende de mi fuerza, sino del poder de Cristo en mí. 1 Corintios 15:57 ☐
3. Señor Jesús, hoy decido vencer contigo. Apocalipsis 3:21 ☐

Seguiré tu voz, Señor

"Señor Jesús, hoy recibo tu promesa. Quiero ser un vencedor por tu gracia. Toma mi vida, fortalece mi voluntad "

Nombre:_____

Fecha:_____

Instructor:_____

Súbditos del Reino

1. **¿Qué representa el Rey, el Hijo y la Boda en esta parábola?**
Mateo 22:2 Apocalipsis 19:7-9
Respuesta:_____
_____

2. **¿Quiénes fueron los primeros invitados a la boda y cómo respondieron?** *Mateo 22:3-6*
Respuesta:_____
_____

3. **¿Qué enseñanza contiene la destrucción de los homicidas y su ciudad?** *Mateo 22:7, Lucas 19:43-44*
Respuesta:_____
_____

4. **¿Qué significa que la invitación se extendió a "buenos y malos"?**
Mateo 22:9-10
Respuesta:_____
_____

5. **¿Por qué el Rey inspecciona a los invitados antes de iniciar la boda?** *Mateo 22:11, 2 Corintios 5:10*
Respuesta:_____
_____

6. **¿Qué representa el invitado que no tenía el vestido de boda?**
Mateo 22:12-13, Isaías 61:10
Respuesta:_____
_____

7. **¿Qué significa la frase final: "Muchos son llamados, pocos escogidos"?** *Mateo 22:14, Apocalipsis 17*
Respuesta:_____
_____

¿Cómo respondo a esta verdad?

1. Creo que Soy bienaventurado porque he sido llamado por Dios a formar parte del Reino eterno. Apocalipsis 19:9 ☐
2. Creo que comparezco delante del Rey vestido con la justicia de Cristo. Él me ha preparado para la boda. Isaías 61:10 ☐

Seguiré tu voz, Señor

Hoy decido no solo aceptar la invitación del Rey, sino vivir cada día como un verdadero súbdito de su Reino, honrando su gracia y caminando en obediencia.

Nombre:_____
Fecha:_____
Instructor:_____

Vida Eterna en Cristo

1. **¿Qué merecemos realmente por causa de nuestro pecado?** *Romanos 3:23, Romanos 6:23*

   Respuesta:_____

   _____

2. **¿Por qué la muerte es llamada una "paga"?** *Romanos 5:12, Gálatas 6:7*

   Respuesta:_____

   _____

3. **¿Cómo se describe la salvación según este versículo?** *Efesios 2:8-9, Tito 3:5*

   Respuesta:_____

   _____

4. **¿Quién es el dador de esta dádiva?** *Juan 3:16 Santiago 1:17*

   Respuesta:_____

   _____

5. **¿Dónde se encuentra esa vida eterna?** *Juan 14:6 1 Juan 5:11-12*

   Respuesta:_____

   _____

6. **¿Qué implica recibir la vida eterna?** *Juan 17:3 Romanos 8:1-2*

   Respuesta:_____

   _____

7. **¿Qué debo hacer para recibir este regalo?** *Hechos 2:38 Romanos 10:9*

   Respuesta:_____

   _____

¿Cómo respondo a esta verdad?

1. Creo que la vida eterna es un regalo de Dios en Cristo 1 Juan 5:11 ☐
2. Entiendo que no merecíamos vida, pero Dios nos la regaló por amor. Romanos 6:23 ☐

Seguiré tu voz, Señor

Señor Jesús, reconozco que soy pecador y que sin Ti estaba condenado a muerte. Hoy recibo el regalo de la vida eterna.

Nombre:_____

Fecha:_____

Instructor:_____

CONECTADOS

La Nueva Jerusalén - La Ciudad de Dios

1. **¿Qué promete Dios crear al final del conflicto?**
   Apocalipsis 21:1
   Respuesta:_____
   _____

2. **¿Qué relación habrá entre Dios y los redimidos?** *Apocalipsis 21:3*
   Respuesta:_____
   _____

3. **¿Qué sufrimientos desaparecerán para siempre?** *Apocalipsis 21:4*
   Respuesta:_____
   _____

4. **¿Qué condición pone Dios para heredar esta ciudad?** *Apocalipsis 21:7*
   Respuesta:_____
   _____

5. **¿Quiénes quedarán fuera de esta ciudad gloriosa?** *Apocalipsis 21:8*
   Respuesta:_____
   _____

6. **¿Cómo es descrita la belleza y perfección de la ciudad?**
   Apocalipsis 21:18-21
   Respuesta:_____
   _____

7. **¿Quiénes podrán entrar en la ciudad?** *Apocalipsis 21:27*
   Respuesta:_____
   _____

¿Cómo respondo a esta verdad?

1. Creo que Dios no está remendando este mundo; está preparando uno nuevo, Apocalipsis 21:1 ☐
2. Creo que la mayor gloria de la Nueva Jerusalén no son sus calles de oro, sino la presencia eterna de Dios con los redimidos. Apocalipsis 21:3 ☐

Seguiré tu voz, Señor

Hoy decido vivir como ciudadano del cielo, vencer por tu gracia y permanecer fiel hasta el fin. Amén.

Nombre:_____

Fecha:_____

Instructor:_____

NOTAS

NOTAS

NOTAS

NOTAS

NOTAS

www.ingramcontent.com/pod-product-compliance
Lightning Source LLC
Chambersburg PA
CBHW062126040426
42337CB00044B/4307